그러던 어느 날
−알츠하이머 간병일기 초(抄)

박종대

1995년 《시조문학》 등단. 시조집 『태산 오르기』 『눈맞추기놀이』 『개떡』 『왕눈이의 메시지 49』 『칠칠 동산』 『풀잎 끝 파란 하늘이』 『동백 아래』. 한국시조문학상, 올해의시조문학작품상, 월하시조문학상 수상. 1932년 전남 법성포 출생. 법성포소학교, 광주농업학교, 서울대학교 사범대학 국어과 졸업. 중등학교 교사, 장학사, 장학관, 교장 등 교직 생활. 도쿄 주일본국 대한민국대사관 교육관, 주후쿠오카 대한민국총영사관 영사, 후쿠오카 한국종합교육원 초대 원장 등 외교직 생활.
zerohousekr@daum.net

그러던 어느 날 ─ 알츠하이머 간병일기 초抄

—

초판 1쇄 2019년 5월 20일
지은이 박종대
펴낸이 김영재
펴낸곳 책만드는집

주소 서울 마포구 양화로3길 99, 4층 (04022)
전화 3142-1585·6
팩스 336-8908
전자우편 chaekjip@naver.com
출판등록 1994년 1월 13일 제10-927호
ⓒ 박종대, 2019

* 이 책의 판권은 저작권자와 책만드는집에 있습니다.
  이 책 내용의 전부 또는 일부를 재사용하려면 양측의 동의를 받아야 합니다.
—

ISBN 978-89-7944-690-6 (04810)
ISBN 978-89-7944-354-7 (세트)

책만드는집 시인선 124

그러던 어느 날
– 알츠하이머 간병일기 초抄

박종대 시조집

책만드는집

| 시인의 말 |

치매, 설마 그것이 나에게.
이것이 수많은 사람들의 생각일 텐데, 그랬다가 그 화를 입게 될 분들이 앞으로 10년 안에 한국에 100만, 일본에서는 무려 700만을 헤아리게 될 거라니, 거기에다 그 무서운 고통을 함께하게 될 그 가족의 수까지 더하면? 더더욱 섬뜩!
요즈막에 서슴없이 오르내리는 얘깃거리다.

인지 장애에 관계되는 분들의 한 조촐한 모임에서였다. 그 행사장에 졸작 몇 편이 전시돼 있었는데, 주최 측에서 그중의 하나를 낭송해달라고. 졸지에 마이크를 넘겨받고, 얼떨결에 「그래, 그러겠지」*를 낭송했는데, 어어, 내 딴에는 예상 밖의 큰 호응이었다고. 그게 의례적인 박수 환호였다더라도, 이들을 가려서 한데 묶어 내놓아도 괜찮지 않겠느냐는 생각이 들었다.

간병 생활을 함께해준, 참 고마운 친구들이다.

-2019년 5월
박종대

---

* 본문 14쪽. 계간 《좋은시조》(2017년 가을호) 게재 첫 회분의 첫 작품.

| 차례 |

4 • 시인의 말

1부

13 • 문진 검사 받고 나서
14 • 그래, 그러겠지
15 • 그래, 자, 출발이다

2부

19 • 집안일
20 • 주방 친구들
21 • 고마운 밥상
22 • 그러고 나서는
23 • 한 번 더
24 • 간병헌장
25 • 또 한 방 맞었어
26 • 지하철 안에서
27 • 단추 걸기
28 • 가만히만 있지 말고
29 • 암 그럼 그래야지
30 • 짜증
31 • 이 영감을 어째야 쓸꼬
32 • 우리 집에 언제 가?
33 • 지금 저 얼굴
34 • 목욕 후
35 • 달력 공부
36 • 여기가 어디야
37 • 친지의 충고
38 • 무엇이 간병을 하는고 하니

3부

43 • 이 간병인
44 • 자네 지쳤는가
45 • 명심 명심
46 • 식탁아 의자들아
47 • 사진 공부
48 • 간병의 하이라이트
49 • 한밤중에
50 • 기다려지는
51 • 서운한 아침
52 • 유치원?
53 • 울어지더라구요
54 • 나의 한 나의 힘
55 • 나야 나
56 • 할배도?
57 • 재워놓고
58 • 잊어버리는 재주
59 • 양말짝 신발짝
60 • 명약
61 • 지금 이것이 바로 그것인가
62 • 차마 못 할 말
63 • 그 버릇
64 • 내 잘못은

4부

69 • 보내놓고
70 • 잘했다?!
71 • 어쩌지?
72 • 텅 빈 집 안의
73 • 언제까지 이럴까
74 • 자, 오늘은
75 • 빈집을 나서면서
76 • 고마운 할매
77 • 혼자 지내게 되면서
78 • 자다가
79 • 아리랑 노래 공부
80 • 잘 있었어요?
81 • 면회
82 • 보내고 맞이하고
83 • 할매가
84 • 잊지 못한 이름 하나
85 • 기억의 숨바꼭질
86 • 의식 무의식
87 • 아직도 저것을 못 고치다니요!

88 • 해설_ 이경철

1부

문진問診 검사 받고 나서

"좋아요 참 잘했어요"
그래놓고는
뭐 몇 점?

아 글쎄
11점이래
그게 뭐야 기분 나뻐

  30점 만점이라니까
  중간 정도
  괜찮다

그래, 그러겠지

내가
내가 왜 그거야
말도 안 돼 그게 뭔데!

   검사 결과 다 봤잖아

걔들 다 순 엉터리야

나 이리 멀쩡하지 않아
약? 안 먹어!
안 먹어!

그래, 자, 출발이다

긴가민가
기연미연
기연가미연가했는데

긴가
기연
기연가로
허허
분명해졌으니

다 놓고

할매 할배 둘이서
은하 여행 떠나련다

2부

집안일

무슨 일이
해도 해도
끝도 한도 없느냐구

다 했다 싶은데도
또 있고 또 생기고

그래요
모르셨지요
일 중의 일인 것을

주방 친구들

아이쿠!
미안 미안
이러는 게 아니지?

내가 지금
내가 아니다
괜찮아?
괜찮다구?

도와줘
마님 손길 찾아가게
고쳐 입는 앞치마

고마운 밥상

어렵게 차린 밥상
어찌 저리 맛있을꼬

말없이
흐뭇하게
쳐다보고
있노라면

나처럼
나를 보고 계셨을
엄니 얼굴 누님 표정

그러고 나서는

벽을 치고
바닥을 치던
어젯밤의 대성통곡

자고 난
오늘 아침
어찌 저리 얌전할까

새 할매
새사람이야!
여보 여보
나 좀 봐봐!

한 번 더

따독따독
잘 자!
하고
돌아서 나오는데

왜 이리 허전할까
안쓰럽고
측은하고

돌아서
다시 들어가
한 번 더
따둑따둑

간병헌장

환자의 짜증이야
그럴 만도 하지마는

간병인의 짜증은
안 되지요
안 되고말고요

제1조
짜증 안 내고
짜증 받아드리기

또 한 방 맞었어

두 번 세 번 말을 하면
대답 좀 해주어 봐요

뭐라고 하는지
통 알 수가 없다구요

아이고

나한테 맞게
말 좀 해주어 봐요

지하철 안에서

이 얼굴 저 얼굴
번갈아 둘레둘레

내 얼굴에 와서는
빤히 쳐다보는 저 눈

나하고 같이 사는 사람
그 사람 맞지

가슴 철렁

단추 걸기

봐라 봐라, 잘 걸었지?!

어어, 저 함박 얼굴!

정상을 찾은 것이 저리도 좋을까

잘했어!

따독따독해주던 손바닥이 아팠다

가만히만 있지 말고

고집도 좀 부리고
가탈도 투정도 부려봐

하라는 대로 고분고분
너무 말을 잘 들어요

축 처져
도무지 생기가 없으니
그래서 더 짠하고

암 그럼 그래야지

엄마, 아빠 말씀 잘 들으셔야지요
그러다 어쩌시려구
아빠가 돌아가시면

어쩌긴
좋은 사람 만나 잘 살 텐데 걱정 마라

짜증

참는다고 참는데도
어쩌다 나올라치면

재깍 알아채 가지고
지레 큰소리거든요

눈치는 뭐 같다니까요
멀쩡해요
그럴 땐

이 영감을 어째야 쓸꼬

허허
또야
또구나 또
환자한테 짜증이라니

아흔을 바라보도록 무엇을 사셨노

한바탕
부둥켜안고
미안 미안 엉엉엉

우리 집에 언제 가?

집에서 가끔 하는 말
때로는 꽤 진지하게

사는 집을 잊어버린
꼭 그것만은 아닌 것 같은

이상향?
그 비슷한 데?

설마하니

그래도

지금 저 얼굴

다 잊어버리고
그냥
저렇게 사는 것도

어느 때인 줄도 모르고
어느 곳인 줄도 모르고

그래도
그럴 수는 없지만
어찌 저리 깨끗할꼬

목욕 후

어렵사리 감기고 씻겨서
갈아입혀 놓았더니
옛 모습 그 모습 그대로
훤하구나 훤칠하구나

기억아
너도 나와 봐!
이 얼굴 좀 보라구!

달력 공부

가새표
동그라미
표시하기는커녕

펜을 잡을 수가 없다
어쩌냐 별수 없구나

오늘로 달력 공부는 끝
손 흔들어 안녕! 안녕!

여기가 어디야

어딘지 모르겠어?
몰라? 모르겠다구?

우리가 자주 다니던
그 상가야 그 상가

새 세상?

가는 곳마다
처음 보는 세상이다

친지의 충고

자, 할 만큼 했지 않아
아니, 그보다 훨씬 더

인제 생각을 바꿔서
전문가 전문 시설에

어떤가
환자나 간병인
서로에게 좋은 길로

무엇이 간병을 하는고 하니

부모 자식 간이 아닌
부부간의 간병이라

정이야 정
정 말이다
정이 하는 거지
한번 정이 들어버리면
한번 정에 빠져버리면
어찌 된다는
그 정
어쩌다가는
더럽다 더럽다, 그건 아니고
"다랍다 다랍다"*
하게는 되는
그런 묘한 정
그런가 하면

죽은 사람의 몸을 깨끗이 씻어서 수의를 입히고
염포로 묶는 일을 하는 사람도
"아무런들 이 짓도 정이 없으면 못 해먹을 것인데 그렇듯 시신과 정을 나누다가 보면 어느 사이 그 시신 언저리에 남아 있던 삶의 때라 할까유? 뭐 그런 것이 걷히고 비로소 내 마음도 편안해지거든요."**
라고 한
그런 숙연한 정도

그렇지
정이 하시는 거다
그놈의 정
정이여

* 서연정 시조 「정」에서.
** 조오현 선시 「염장이와 선사」에서.

3부

이 간병인

멍하니 우두커니
먼 산에
빈 하늘만

이 양반
내가 봐도
정신 나간 사람이야

그 정신
바람 좀 쐤으면
냉큼 돌아오지 않고

자네 지쳤는가

자기가 먹은 그릇
자기가 치운다는데

한다고 하고 나면
두 벌 세 벌 일 되더라도

그대로 보고 있어야지
기특하지 않은가

명심 명심

겉으로 보기에는
멀쩡한 사람 같지

환자야
환자라구
정상인이 아니라구

그래도 내가 짜증 내면
그건 금방 아는데

식탁아 의자들아

애들아
일어나자
마님 오실 시간이다

같이 잠들었었구나
허전이랑
쓸쓸이랑

그래도
저 시계
저놈은
저 혼자서
저렇게

사진 공부

이 여러 사진 중에
당신은?
그렇지!

내 사진은? 그렇지! 그거
손주는? 손주?
에헤!

오늘은
애가 할미를 몰라보나?
여기 여기!
뽀뽀 한 번

간병의 하이라이트

어어 또 실수하셨네
변비보다야 낫고말고

안 돼 안 돼 가만가만
더러워 더럽다구

하기야
이보다 훨씬 더한 것이
쌔고 쌨지

한밤중에

자다 말고 뭐 하고 다녀
뭘 찾어?
뭔데 그게

뭔지 나도 모르겠어

허허 뭔지도 모른다

자 자자
푹 자고 나면
까꿍!
하고
나올 거야

기다려지는

어서 와주었으면
왜 이리 허전할꼬

짜증 부려도 좋다구
어서 오기나 하라구

힘없이 기둥에 기대서서
떠올리는 멍한 얼굴

서운한 아침

두루 챙겨 보내놓고
또 한잠
신문 든 채

여기저기 흩어진 옷
미안하고 안쓰럽다

너 또 뭐
함부로 했구나

뭘로 할까 저녁밥

유치원?

안 가 안 간다니까!
저희끼리만 놀려구?
멀쩡한 사람을 엉뚱한 데 보내놓고?

그러곤
어쩌다 저리 잘 다니는고
고맙다

울어지더라구요

비가
천둥 번개에
억수로 쏟아지는
검정 우산 속에서
되는 게 있더라구요

엉엉엉
염치없이 펑펑 터져 나오더라구요

나의 한恨 나의 힘

너만이 아니고
누구나 다 있는 거야

내 것은
다르다 너
너는 몰라
내 사정을

너처럼
다들 그리 알고
그 힘으로 익어간단다

나야 나

왜 그렇게 무섭게 봐
그러지 마 보기 싫어

아니지
그래 잘 봐
똑똑히 잘 보라구

알았지?
다른 남자가 아니고
같이 사는
당신 남편!

할배도?

무슨 엉뚱한 짓을!
한두 번이 아니잖아!

닮기도 한다는데
설마
허허
혹시 나도?

그동안
몸도 마음도
많이 약해졌나 봐

재워놓고

자는 건
입 쩍 벌리고
예전 모습 그대로라

다 잊고
그래그래
푹 자소
걱정 말고

보내긴
자네를 어디로 보내
내가 이리 멀쩡한데

잊어버리는 재주

탈탈 털어버렸으니
참 개운해서 좋겠다

잊는
잊어버리는
좋은 재주를 가졌지?

좋은 건 간직해두고
나쁜 것만 버리자구!

양말짝 신발짝

나도 할매한테 의지하고 있던 거야
할매가 나한테 그러고 있던 것처럼

짝이야
서로 짝이었으니까
맞다 그게 짝이다

명약

사랑 사랑
가족의 사랑
진짜 약이라는데요

그게 없었단 말입니까

한다고 했습니다요

하긴요
그놈의 약이
가끔
있다 없다
했습지요

지금 이것이 바로 그것인가

우리 할매
시중들면서
밥하고
청소하고
내 몸도
추스르면서
신문 보고
TV 보고

가늘게
이어지고 있는 삶
곰곰이 맛보고 있다

차마 못 할 말

우리 이러다 어쩌지

이러느니
이러느니

그놈의 못된 생각
입가에서 차란차란

아니야
아무것도 아니야
미쳤지 내가 미쳤어

그 버릇

돌아오면 반가워서
잡아주고 안아주고

저 혼자
문 열고
신 벗고
옷 벗고

그러게
좀 놔두고 볼 것이지
너무헌다 너무해

내 잘못은

어쩌다 이렇게까지
내 잘못은
네 잘못은?

그 그 신혼 시절
그때 거기서부터야
퇴근 시간 되자마자
서두르고 서둘러서
곧장 단칸 셋방으로
잘 있었어? 기다렸지!
바닥이 훤히 드러난
비어 있는 물통에
어어 가물가물
꺼져가는 연탄불
춥다 추위! 들어가!
방에 들여놓고서는

물통에 물 채우고
연탄불 살려놓고
주물주물 토닥토닥
겨울 빨래 해서 널고
지그시 그런대로
좀 두고도 봤어야지
애처럼 안 잊혀서
다칠라 넘어질라
사시장철 곱게 곱게
모셔놓고 지냈으니
그 버릇이 어디로 가
그놈이 한몫을?

차라리
안주머니에
넣고 살지 그랬어

4부

보내놓고

다른 데 맡겨놓고
그래
인제
뭐할 건가

무슨
자기실현?
아니
좀 쉬고 싶어

그것도
고생이라고

변했구나
나쁜 사람

# 잘했다?!

나 하나 운신하기도
이리 천근만근인데

데리고 어쩔 뻔했어
아쉬워하지 말자

그래서
네가 할 일을
남의 손에
남의 손에?

어쩌지?

이렇게
못 잊어 못 잊어 할 바에야

데려오면 되지 않아
정말 데려와 버릴까

그 짜증
또 안 나올까
자신 있지?

있냐구!

텅 빈 집 안의

나갔다 돌아오면
반기지는 못할망정

외로움에
푹 젖은
원망의 눈망울들

내가 뭐
큰 잘못이라도?

맞다 내가 죄인이다

언제까지 이럴까

텅 빈 집에 들어서자
와락 안기는 서러움들

액자
시계
식탁들의

너희가 이렇게까지

얘들아
우리 펑펑 울어버릴까

펑펑 울어져야지요!

자, 오늘은

자, 오늘은 대청소다
털고 쓸고 닦고 훔치고

쓸쓸하고 적적한 것들
모조리 몰아내는 거다

우리 다
이렇게 잘 있으니까요
저기
우리 마님도요!

빈집을 나서면서

갔다 올게 마님한테
잘들 있어
또 그리 말고

너희 마음 안겨드리고
마님 마음 안고 올 거다

어쩌고
어쩌고 있을까
그 눈의 그 얼굴

고마운 할매

먼저 가신 간병인들
어쩌면 그렇게도

그 밑에도 못 가는
그렇고 그런
이 할배

그놈을
놓아준 할매
고마운 그 할매

혼자 지내게 되면서

방 거실 부엌 들이
휘영청
넓어졌다

거울에 비친 저 나는
어찌 저리
조그맣고

그까짓

식탁 자네도
넓을 대로 넓어져 봐!

자다가

무슨 소리?
이 밤중에

화장실?
어둠뿐

할매는 요양원인데?

몸은 가고 그림자는

익숙한 화장실 찾아와
일 편히 보고
가셨는가

아리랑 노래 공부

손
맞잡고
웃으면서
부를 수 있는
유일한 노래

내 입 모양 봐가면서
내 눈 모습 살피면서

십 – 리 – 도
못 – 가 – 서
발 – 병 – 난 – 다

자! 박수! 박수 박수!

잘 있었어요?

낯선 할매 손
지그시 잡아본다

손 따라 건너온 놈
금방 가슴에
몽클
몽클

뚝! 뚝 뚝!
이 할배 또 주책없이!
안 그러기로 해놓고

면회

보러 갈 땐
축 처져서

볼 땐
볼수록 짠하고

그러고
돌아올 땐
발걸음 터벅터벅

언제쯤
차분한 마음으로
만나볼 수 있을까

보내고 맞이하고

잘 갔다 와!
손 흔들고
어서 와!
마주 잡고

주간 케어센터 때였지
엊그제 일이
먼 옛일 같다

그렇게
좋은 것인 줄 몰랐어라

배웅 마중

그것이

할매가

옆에
그렇게라도 있어준 게
고마웠어

이런 것이었는가
혼자 있다는 것이

어인 일
놓고 간 이 외로움
오늘은
아늑하기도

잊지 못한 이름 하나

자기 이름은 어쩌고
불러보는
할배 이름

그러다가
요즈막엔
내가 선창을 해야

더 크게!
옳지 옳지 그렇게
다시 한번!

"○○ 씨!"

기억의 숨바꼭질

우아!
알았지!
당신 남편!

우리 서로 글썽글썽

기억아
오래간만
너무 꼭꼭 숨지 않기

멋대로
이랬다저랬다
안 돼! 그건
그러지 마!

의식 무의식

의식이
어디가
많이 편찮은가 봐요

자기가 뿌리박은
무의식도 몰라본대요

어쩔 수 없지 않겠습니까
무의식이 나선 거래요

아직도 저것을 못 고치다니요!

그런저런
다 모르고
저렇게 멍청허게

아는 게 병
귀찮고
모르는 게 약
속 편타

그대로
그냥 그런대로 가보자

더 아프지만 말거라

| 해설 |

실감 언어와 시조 양식이 감동으로 빚은 우리 시대 시경詩經

이경철 문학평론가

"다 잊어버리고/ 그냥/ 저렇게 사는 것도// 어느 때인 줄도 모르고/ 어느 곳인 줄도 모르고// 그래도/ 그럴 수는 없지만/ 어찌 저리 깨끗할꼬"
―「지금 저 얼굴」전문

간병일기면서 삶에 대한 통찰이 실감으로 우러난
최고의 시조집

박종대 시인의 이번 시조집 『그러던 어느 날』은 해맑은 감동의 연속이다. 허정하면서도 깊은 실감의 울림을 준다. 태초의 마음이 태초의 언어를 만나 아주 자연스레 터져 나온 시편들이 우리네 심란한 삶과 마음과 언어들을 둘러보게 하며 더없는 위안을 주는 시조집이다.

부제 '알츠하이머 간병일기 초抄'가 말해주듯 이번 시집은 치매로 더 잘 알려진 알츠하이머에 걸린 부인을 간병하는 현장에서 나왔다. 병의 증상과 간병하는 시인의 자세와 심경을 임상 일지 쓰듯 사실대로 쓰고 있는데도 정이며 사랑이며 그리움 등 서정적 목록은 물론 삶에 대한 통찰도 원초적 언어와 형식으로 들어 있다. 솔직하고 개결한 마음과 언어로 이런 시 쓰라고 시조라는 양식이 생겼는가 하는 생각이 들 정도로 오늘날 시조의 위상과 효용성을 유감없이 보여주고 있는 시조집이 『그러던 어느 날』이다.

1995년 등단한 박종대 시인은 시조집 『태산 오르기』 『눈맞추기놀이』 『개떡』 『동백 아래』 등을 펴내며 "짧고도 강렬한 노래에 심미적이고 함축적인 정서와 사유를 담음으로써, 가장 정제된 정형 미학의 위의를 체현하고 있다"는 평을 받아오고 있다.

    풀잎 끝
    파란 하늘이

갑자기 파르르 떨었다

웬일인가
구름 한 점이
주위를 살피는데

풀잎 끝
개미 한 마리
슬그머니 내려온다

 대표작 중 한 편인 「풀잎 끝 파란 하늘이」 전문이다. 자연의 한순간을 적확하고 개결하게 묘사함으로써 우주의 속내, 천지를 운항하는 질서며 도道를 드러내고 있다. 시인의 무사기한 눈과 마음이 그대로 자연의 도가 되고 있는 시다.
 시인은 서울대 사범대 국어과를 나와 중등학교 교사와 교장, 장학관 등으로 오랜 교직 생활을 했다. 학생들에게도 위 시에서와 같이 무사기한 마음과 거기서 우러난 언어들을 가르치고 몸소 체현하며 모범을 보였을 것이다.
 그래서인가. 이번 시조집이 알츠하이머 간병일기이면서도 무사기한 마음과 언어들이 단시조 정형 미학의 정제된 양식을 만나 한껏 빛을 발하고 있다. 그러면서 시조가 오늘날에도 그 어떤 새로운 문학이나 시가 장르보다 더 유용한 양식임을 실증적으로 보여주고 있다.

박 시인 시 세계의 이런 특장에 대한 아무런 지식이나 선입견 없이 감상해보시라고 맨 위에 올려놓은 「지금 저 얼굴」을 보시라. "다 잊어버리고" 사는 알츠하이머 증상을 그대로 보여주고 있다. 그러면서도 또 우리네 삶에 대한 통찰이 "어찌 저리 깨끗할꼬"에서 개결한 감동으로 읽히는, 시 자체로도 우뚝한 단시조 아닌가.

그렇지 않은가. 얽히고설킨 현실적 삶에선 힘들고 그럴 수도 없겠지만 다 잊고 마음 아예 놓아버리고 그냥 자연으로 청정하게 살고 싶은 게 우리네 꿈이고, 동양 사상과 종교는 그렇게 살라 가르치고 있지 않은가.

    애들아
    일어나자
    마님 오실 시간이다

    같이 잠들었었구나
    허전이랑
    쓸쓸이랑

그래도

저 시계

저놈은

저 혼자서

저렇게

―「식탁아 의자들아」 전문

   집안 가재도구들을 소재로 한 시다. 식탁이며 의자들의 주인인 "마님"이 없어 허전하고 쓸쓸한 공간이다. 그런 공간에서 시간은 저 혼자서 잘도 간다. 노년기의 허전하고 째깍째깍 초침처럼 다가오는 그 무엇에 대한 공포도 환기하는, 노년 시의 모범으로 읽히는 시다.

   물론 시의 모티브는 알츠하이머로 병원에 가 집에 없는 아내지만, 그 아내가 늘 쓰던 가재들을 바라보는 시인의 눈이 참 애틋하면서도 허정하다. 그런 시인의 눈에 의해 가재도구들은 물론 한 행 한 행으로 떼어 쓴 단어, 언어들이 실물처럼 살아나며 '허전', '쓸쓸함'이 관념이 아니라 실물로 육화되고 있는 시다.

   너만이 아니고

누구나 다 있는 거야

내 것은
다르다 너
너는 몰라
내 사정을

너처럼
다들 그리 알고
그 힘으로 익어간단다
—「나의 한恨 나의 힘」 전문

'너'와 '내'가 나누는 대화체로 나가고 있는 시다. '너'가 누구인가 긴가민가해 몇 번 읽다 보니 시인 자신으로 잡혀 온다. 내색하는 마음과 않는 마음이 대화, 아니 독백을 하며 삶의 통찰로 나가고 있는 시다.

이 시에서도 물론 '나의 한'은 아내의 알츠하이머일 것이다. 이번 시집 전체가 그 병과 간병에서 우러나고 있으니. 그런 한이 삶을 더 성숙시키는 힘이 된다는 것이다. 그냥 읽어도 좋을 시인데 간병 체험에서 우러난 통찰이니 '나의 한 나의 힘'이란 명제는 얼마나 더 실감으로 다가오는가.

 이렇게 이번 시조집 『그러던 어느 날』은 알츠하이머 환자 간병을 통해 실감한 인생과 우주적 삶에 대한 통찰이 빛을 발하고 있어 시조 자체로 우뚝한 시조집이다. 거기에 구순을 바라보는 나이에 아내를 간병하는 시인의 애틋한 정, 애이불비哀而不悲라 한없이 서러우나 내색하지 않고 오히려 해학으로 넘기는 개결함과 깊은 경륜이 이 시대 말할 수 없이 큰 감동을 불러일으킨다.

**잊고 동심으로 돌아간 치매 증상 그대로가
시심詩心이요 시작법詩作法**

  내가
  내가 왜 그거야
  말도 안 돼 그게 뭔데!

   검사 결과 다 봤잖아

  걔들 다 순 엉터리야

나 이리 멀쩡하지 않아
약? 안 먹어!
안 먹어!
—「그래, 그러겠지」 전문

 검사 결과 알츠하이머로 판정돼 치료약을 받아 온 아내가 한 말을 그대로 옮긴 시다. 자신이 그 병을 인식하면 환자가 아니란 말이 세간에 통용될 정도로 널리 알려진 그 증상을 시조 정형의 틀에 넣어 간단명료하게 보여주고 있다.

 시인은 '시인의 말'에서 "치매, 설마 그것이 나에게./ 이것이 수많은 사람들의 생각일 텐데, 그랬다가 그 화를 입게 될 분들이 앞으로 10년 안에 한국에 100만, 일본에서는 무려 700만을 헤아리게 될 거라니, 거기에다 그 무서운 고통을 함께하게 될 그 가족의 수까지 더하면? 더더욱 섬뜩"하다고 밝혔다.

 가족이나 가까운 친척 어른들 중 환자 안 둔 사람 찾아보기 힘들 정도로 우리도 이미 치매를 앓는 사회로 접어들었다. 이런 우리 사회의 가장 큰 문제를 위 시처럼 치매 진단에서부터 증상은 물론 가족의 심경까지 시인은 간병인으로서 실감적으로, 시조의 정형과 구성 미학의 편의

성과 경제성에 맞춰 인상적으로 드러내고 있다.

    이 얼굴 저 얼굴
    번갈아 둘레둘레

    내 얼굴에 와서는
    빤히 쳐다보는 저 눈

    나하고 같이 사는 사람
    그 사람 맞지

    가슴 철렁
    -「지하철 안에서」 전문

  평생 해로해온 사람도 못 알아보는 그 증상, 어찌 가슴 먹먹하지 않겠는가. 그래도 그런 가슴 내색하지 않고 환자의 증상과 간병인의 심경을 마치 사진 찍듯 그대로 보여주어 독자들의 가슴을 더욱 철렁이게 하는 시다.

    벽을 치고
    바닥을 치던

어젯밤의 대성통곡

자고 난
오늘 아침
어찌 저리 얌전할까

새 할매
새사람이야!
여보 여보
나 좀 봐봐!
-「그러고 나서는」 전문

정신이 나갔다가도 온전히 돌아오곤 하는 증상을 아주 인상적으로, 재밌게 드러내고 있는 시다. 간병인이 보기에, 특히 남편으로서 그런 아내를 보기에 지옥과 천당을 오가는 심경을 해학적으로 보여줘 그 심경을 더더욱 절절하게 한다.

안 가 안 간다니까!
저희끼리만 놀려구?
멀쩡한 사람을 엉뚱한 데 보내놓고?

그러곤

어쩌다 저리 잘 다니는고

고맙다

—「유치원?」전문

초장, 중장에서는 병원 다니는 아내의 말을 그대로 옮겨놓았다. 그러다 종장에서는 그걸 듣고 바라보는 남편의 심경을 곧이곧대로 옮겨놓았다. 제목에선 환자가 다니는 병원을 '유치원'으로 바라보고 있다. 나도 치매 걸린 어른이 계시지만 행동이나 말이 꼭 유치원생 어린이 같기도 하다.

유치원생 같은 건 환자만이 아니다. 그런 환자를 바라보는 시인의 마음, 심경 역시 어린이 같다. 아내를 간병하며 시인 자신도 모르게 어린이, 동심으로 돌아가고 있음이 제목 '유치원?'이란 물음표에 그대로 반영되어 있다.

멍하니 우두커니

먼 산에

빈 하늘만

이 양반
내가 봐도
정신 나간 사람이야

그 정신
바람 좀 쐤으면
냉큼 돌아오지 않고
―「이 간병인」 전문

정신이며 넋을 놓고 먼 데만 멍하니 쳐다보고 있는 아내를 바라보는 안타까운 심사. 그럼에도 늘어놓는 중장의 아무렇지도 않은 듯한 허사虛辭 "이 양반/ 내가 봐도/ 정신 나간 사람이야"가 초장 아내의 정신 나간 상태를 더 인상적으로, 종장 그런 아내를 바라보는 심사를 더 절절한 서정으로 각인시키고 있다.

그러나 위 시를 '이 간병인'이란 제목과 함께 읽으면 또 달리 읽힐 수 있다. 단시조는 45자 내외의 매우 정제된, 경제적인 양식이어서 그런지 이번 시집에 실린 시편들 대부분의 제목이 시 본문보다도 더한 키워드, 핵심 시어 역할을 톡톡히 해내고 있다.

그런 제목과 함께 읽으면 이 시에서 멍하니 우두커니

먼산바라기를 하는 사람은 간병인인 시인 자신이 된다. 아내의 병 수발에, 말동무 되다 보니 어느새 아내 닮아서 환자가 됐다는 독백으로도 읽힐 수 있는 시다.

> 무슨 엉뚱한 짓을!
> 한두 번이 아니잖아!
>
> 닮기도 한다는데
> 설마
> 허허
> 혹시 나도?
>
> 그동안
> 몸도 마음도
> 많이 약해졌나 봐
> −「할배도?」 전문

위 시에서 명백히 자백하듯 간병을 하며 환자와 닮아가고 있는 것이다. 그런 한恨의 와중에서도 "설마/ 허허/ 혹시 나도?"라는 도저한 낙관과 해학이 이 간병일기 시편들을 끝까지 끌고 가는 힘이 되고 있다.

위에 살펴본 시편들에도 드러나듯 이번 시조집에는 '유치원', '새사람' 등 어리고 갓 난 새 이미지들이 많이 눈에 띈다. 어린애로 돌아간 듯한 치매 증상에 기인된 이미지면서도 모든 기존 관념이나 인식에 물들지 않은, 세상이 처음 열릴 때 태초의 이미지, 오염되지 않은 동심에 잡힌 맑은 이미지 들이다.

지금까지 이 해설만에서도 나도 모르게 '그대로'란 말을 몇 번이나 반복하고 있듯 아내의 증상과 시인의 심사를 어떤 수사나 작위 없이 그대로 보고 전하는 시선과 시법詩法이 그런 태초의 말과 이미지들을 낳으며 간병일기를 더 절절하게 하고 있다. 그러면서 시로서의 심미적, 정신적 깊이도 더 구체적이고 생생하게 더해가고 있는 게 이번 시조집의 특장이다.

시조 양식과 딱 떨어지는
곧이곧대로 시법의 위의와 유용성

나도 할매한테 의지하고 있던 거야
할매가 나한테 그러고 있던 것처럼

짝이야
서로 짝이었으니까
맞다 그게 짝이다
-「양말짝 신발짝」전문

어린애들이 처음으로 말을 배우는 것과 흡사하게 '짝'의 의미를 되뇌고 있는 시다. 말이라는 기호와 그것이 뜻하는 의미, 명실名實이 상부相符하게 '짝'이란 말을 태초의 것으로 되돌려주고 있는 것이다.

그러나 이것이 이 시에서 전하고자 한 메시지는 아니다. 병든 아내를 간병하며 애틋하게 터져 나온 사랑, 정이다. 그런데도 독자들한테는 여기서 사랑과 정의 원초적 의미를 다시금 새기게 하고 있지 않은가.

무슨 소리?
이 밤중에

화장실?
어둠뿐

할매는 요양원인데?

몸은 가고 그림자는

익숙한 화장실 찾아와
일 편히 보고
가셨는가
—「자다가」전문

　노령에 끝까지 병 수발 못 해내고 아내를 요양원에 보내 생이별하고 방에서 혼자 자는 심경이 읽는 이의 애간장마저 녹이는 시다. 곁에 있으나 없으나, 자나 깨나 잊지 못하는 '오매불망寤寐不忘'이란 말, 정을 실감으로 드러낸 절창이다.
　실감, 체험이 아니면 절대 나올 수 없는 시이며 가식이 있으면 이리 개결하지 못할 시이며 본질을 짚을 수 있는 혜안이 없으면 이리 군더더기 없이 자연스레 흐르는 시가 안 됐을 것이다. 소위 "문리文理가 터졌다" 하는 그 문리가 시조 양식과 그대로 부합되게 하다니, 놀랍다.

　어서 와주었으면
　왜 이리 허전할꼬

짜증 부려도 좋다구
어서 오기나 하라구

힘없이 기둥에 기대서서
떠올리는 멍한 얼굴
- 「기다려지는」 전문

아내가 돌아오기를 바라는 심사를 드러내고 있는 시다. 3장 6구 45자 내외의 단시조에서 각 장을 한 연씩으로 잡고 각 구를 한 행씩 잡아 정형에 딱 맞추고 있다.

기승전결 구성 원칙에도 딱 맞아떨어져 시조 양식의 원형, 전형을 보인다. 기승의 초장, 중장에서는 즉흥적, 즉물적으로 솔직하게 심경을 전하다, 전결의 종장에서는 서정적으로 기다림의 이미지를 드러내 보이며 그 간절한 마음을 확산시키고 있다.

나갔다 돌아오면
반기지는 못할망정

외로움에

푹 젖은
원망의 눈망울들

내가 뭐
큰 잘못이라도?

맞다 내가 죄인이다
-「텅 빈 집 안의」 전문

아내를 요양원에 입원시켜 텅 빈 집 안으로 들어올 때의 느낌을 쓴 시다. 아내의 손때가 묻었을 가재도구들이 활물화돼 원망의 눈길을 보내며 시인과 일체가 돼가게 한 초장, 중장 부분이 압권이다. 이런 앞부분이 있어 종장의 죄에 대한 자백이 아연 실감으로 다가온다. 왜 안 그렇겠는가. 천지간 눈길 돌릴 데 없는 그 죄책감을 이리 생동감 있게 자백하고 있으니.

치매나 난치병으로 집에서 이래저래 오래 돌보기 어려운 환자들을 요양원에 보낸 가족들 모두 이런 허전함이나 죄책감에 시달려봤을 것이다. 해서 그런 환자 한 명쯤은 가족 친지로 뒀을 온 국민이 지녔을 그 죄책감을 솔직하고 적확하게 감동으로 대변하며 우리 모두의 관심사로 떠올리고 있기도 하다.

    비가
    천둥 번개에
    억수로 쏟아지는
    검정 우산 속에서
    되는 게 있더라구요

    엉엉엉
    염치없이 펑펑 터져 나오더라구요
    -「울어지더라구요」전문

  앞서 이 간병일기 시조집이 '애이불비의 시편'이라 했는데 이 시에 와서는 엉엉 울고 있다. 그동안 참았던 눈물을 억수로 쏟아지는 비처럼 펑펑 쏟아내고 있다.
  눈물을 보이는 것은 선비로서 '염치없음'을 익히 알고 있기 때문일까. '운다'는 이 시의 메시지를 "울어지더라구요"라고 사돈 남 말 하듯 간접화법, 시쳇말로 '유체이탈화법'으로 전하고 있다.
  그것도 "검정 우산 속에서/ 되는 게 있더라구요"라며 비를 핑계 삼아, 우산 속에 숨어 울고 있다. '되는 게 없다'

는 일상의 말을 '되는 게 있다'고 비틀어가며 울고 있다.

이번 시조집의 선비의 곧이곧대로 시법 등과는 영 딴판인 시인 것이다. 선비의 염치에 그렇게라도 울고 싶은 것이다. 그런데도 이 별종의 시가 읽는 이로 하여금 더 눈물 나게 한다. 시인이 대놓고 못 운 울음을 펑펑 울게 하고 있다.

이처럼 『그러던 어느 날』은 알츠하이머 증상을 아주 인상적으로 전하면서도 그 병을 앓고 있는 아내에 대한 정, 사랑을 감동적으로 전한다. 얼핏 보면 아주 자연스럽고 쉽게 쉽게 읽히면서도 감동을 불러일으키는 것은 시인만의 세심한 언어 의식과 시작법에 따른 것이다.

자연스럽고 쉽게 읽히게 하는 것, 감동으로 시적 소통을 하는 것이 동서고금 시의 가장 큰 덕목이다. 나도 그렇게 쓸 수 있겠구나 하면서도 아무나 따라 쓸 수 없는 게 쉽고 감동적인 시다. 연륜에 의한 혜안과 시적 내공이 있어야 가능한 것이다.

간병 체험 실체 언어로 전하는
애틋한 정情의 실상과 감동

정보-전략-생산-소비-시스템-유비쿼터스

행차에 밀린 말들이
물끄럼말끄럼

곧 뭐가
될 듯도 한데

안 보인다
흙내가

이번 시집 앞서 펴낸 단시조집 『동백 아래』에 실린 시 「새 나리들의 행차」 전문이다. 말, 언어를 소재, 주제로 잡았다. 초장에 위풍당당하게 행차하듯 늘어놓은 말들은 지금 최첨단 문명사회를 이끌고 있는 대표 언어들이다.

이런 말들을 안 쓰면 뭔가 시대에 뒤떨어지게 보이는, 시대에 밀려난 말들이 어안이 벙벙한 듯 "물끄럼말끄럼" 쳐다보는 "나리" 같은 언어들이다. 그러나 그런 말들엔 "흙내"가 안 난다. 말이 제 몸에 착 달라붙는 대상, 본체가 없는 신조어이기에 "곧 뭐가/ 될 듯도 한데" 구체적으로 되지도 않고 잡히지도 않는다.

이런 시처럼 박 시인은 말, 언어에 대해 각별한 관심을 가진 시인임을 많은 시편들에서 보여오고 있다. 시의 재료, 매체가 언어이고 시詩를 파자破字해보면 말씀으로 지은 사원이기에 말씀에 봉헌, 봉사하는 게 시인이지만 박 시인의 언어 의식은 현대 시인들과는 별다르게 정통적이면서도 그런 정통적 언어 의식에서 나온 언어와 문맥을 시에 잘 활용하고 있다. 그래 앞에서 '문리가 터진 시인'으로 본 것이다.

    넓죽한 잎 펼쳐놓고
    어서 오게 하시는데

    연꽃 말씀 받아 오실
    그런 분 안 계신가

    저 위에
    사뿐
    올라앉을
    이슬방울 같은 사람

독자들뿐 아니라 시인들도 참 좋아하는 박 시인의 대

표작 중 한 편인 「연못가에서」 전문이다. 연잎에 사뿐 올라앉은 "이슬방울 같은" "연꽃 말씀" 닮은 이 시가 참 많은 걸 향기롭게 말하고 있다.

해탈 후 49년간 천하를 누비며 대중 앞에서 삶과 우주의 진리를 설법한 석가모니는 열반 때 "나는 아무 말도 하지 않았다"라고 했다. 천지 사방 구름처럼 모인 대중 앞에서 아무 말도 하지 않는 대신 연꽃 한 송이만 들어 올렸을 때 무슨 말인지 알겠다며 빙그레 웃는 가섭에게 석가모니는 법통法統을 넘겼다. 그래 이심전심의 염화미소拈花微笑란 말을 낳게 했다.

그래서 염화미소에는 팔만사천대장경의 부처님 설법을 넘어서는, 말로 온전히 다 전할 수 없는 언어도단言語道斷의 불법佛法, 우리네 삶이며 우주를 운항하는 진리, 도가 들어 있다. 그런 뿌리 깊은 언어 의식에서 피어난 염화미소와 같은 시가 위 「연못가에서」다.

　　두 번 세 번 말을 하면
　　대답 좀 해주어 봐요

　　뭐라고 하는지
　　통 알 수가 없다구요

아이고

나한테 맞게
말 좀 해주어 봐요
―「또 한 방 맞었어」전문

 아내가 한 말을 그대로 옮긴 듯한 시다. 치매 환자와 대화하다 보면 말이 안 통해 누구든 듣고, 혹은 해봤을 말이다. 그런 아내를 간병하며, 대화하며 시인은 그렇잖아도 남다른 언어 의식을 더욱 가다듬었을 것이다. 어떻게 맞게, 알아들을 수 있게 말해야 할지를. 그런 소통과 본디의 뜻을 찾는 등의 언어 의식이 시편 곳곳에 드러나 있으면서 시작법과 시의 구성과 진행에도 그대로 활용되고 있음을 이번 시조집은 잘 보여주고 있다.

긴가민가
기연미연
기연가미연가했는데

긴가

기연

기연가로

허허

분명해졌으니

다 놓고

할매 할배 둘이서

은하 여행 떠나련다

―「그래, 자, 출발이다」 전문

 우리말 '긴가민가'의 어원을 찾으며 시가 시작되고 있다. '긴가민가'는 그런지, 그렇지 않은지 분명하지 않을 때 자주 쓰는 말이다. 한자어 '기연미연其然未然'에서 나온 '기연가미연가'의 준말로 보고 있는 시다.

 그렇다其然와 아니다未然 사이에서 헷갈렸는데 이제 '기연가'로 분명해졌다는 것이다. 치매인지 아닌지 몰랐는데 이제 치매가 확실해졌으니 다 놓고 여행이나 떠나자는 것이다. "할매 할배 둘이서/ 은하"로.

 긴가민가했더니 긴가로 분명해졌을 때 터져 나온 "허허"라는 말도 상반된 의미를 띠고 있다. 한없이 어처구니

없고 허허虛虛로울 때 터져 나온 탄식과 그냥 크게 웃어버리고 넘어가는 너털웃음의 양단을 이 시에서는 다 포괄하고 있다. 그런 폭넓은 마음이 그대로 동심처럼 "은하 여행"을 떠나게 한다. 다 놓고 잊고 전혀 새로운 세계로 정과 사랑만으로.

어딘지 모르겠어?
몰라? 모르겠다구?

우리가 자주 다니던
그 상가야 그 상가

새 세상?

가는 곳마다
처음 보는 세상이다
—「여기가 어디야」 전문

부부가 은하 여행 떠난 곳은 우주나 딴 세상이 아니다. 위 시에서처럼 일상의 장소를 "가는 곳마다/ 처음 보는 세상", '새 세상'으로 여기는 것이다. 너무 일상화돼 넌덜

머리 나는 세상을 아옹다옹하지만 이렇게 치매란 병으로, 아니 부부의 정으로 매양 새롭게 보고 듣고 느끼고 산다면 그것도 축복 아닌가.

    부모 자식 간이 아닌
    부부간의 간병이라

    정이야 정
    정 말이다
    정이 하는 거지
    한번 정이 들어버리면
    한번 정에 빠져버리면
    어찌 된다는
    그 정
    어쩌다가는
    더럽다 더럽다, 그건 아니고
    "다랍다 다랍다"
    하게는 되는
    그런 묘한 정
    그런가 하면
    죽은 사람의 몸을 깨끗이 씻어서 수의를 입히고

염포로 묶는 일을 하는 사람도

"아무런들 이 짓도 정이 없으면 못 해먹을 것인데 그렇 듯 시신과 정을 나누다가 보면 어느 사이 그 시신 언저리 에 남아 있던 삶의 때라 할까유? 뭐 그런 것이 걷히고 비 로소 내 마음도 편안해지거든요."

라고 한

그런 숙연한 정도

그렇지

정이 하시는 거다

그놈의 정

정이여

―「무엇이 간병을 하는고 하니」 전문

단시조로만 나가던 이번 시조집에서 중장이 유독 길게 늘어난 사설시조다. 따옴표로 다른 시인들의 시 부분을 인용하며 '정情'의 의미를 새기고 있다.

부부간의 간병을 하게 하는 힘은 곰곰 생각해보니 정 에서 나온다며 정의 의미를 끝까지 캐고 들어간다. "더럽 다 더럽다" 서로 싸우면서도 "다랍다 다랍다"로 첩첩이 쌓여가는 그 모진 정부터, 가족 친치도 아닌 죽은 자를 깨끗이 씻기고 정성스레 옷을 입히는 염殮을 하면서도 정을 느낀다는 염장이의 숙연한 정까지, 그런 끈질기고 지독한 정을 "그놈의 정"이라 탓하면서도 "정이 하시는 거다"라고 존대하며 부부간의 정을 한없이 깊게 하고 있는 시다.

**영혼이 깃든 언어와 문리文理로
자연스레 도통道通해가는 경륜**

손
맞잡고
웃으면서
부를 수 있는
유일한 노래

내 입 모양 봐가면서
내 눈 모습 살피면서

십 – 리 – 도
못 – 가 – 서
발 – 병 – 난 – 다

자! 박수! 박수 박수!
―「아리랑 노래 공부」전문

뜻이 아니라 입과 눈의 모양, 표정으로 통하는 시다. 맞잡은 손에 서로의 체온과 피가 통할 정도로 따스하게 통하는 시다. 치매에 걸린 아내와 간병하는 부부 사이 그 하고많은 애틋한 사연을 서로서로 통하는 정, 노래 한마디로 그대로 드러내는 시다.

한 10년 전 우리 시인들과 일본 시인들이 일본 도쿄에서 시 모임을 가졌었다. 그때 한 일본 문학평론가 입에서 나온 '언령言靈'이란 말을 들었다. 우리 문단에선 찾아볼 수 없는, 말의 영혼 혹은 신령神靈이란 그 말에 꽂힌 적이 있었는데…….

위 시를 보니 언령이란 말이 실감으로 다가온다. 입과 눈과 표정이 말이라기보다 그런 표정, 느낌을 절로 짓게 하는 말. 태초의 모든 것을 창조한 신령스러운 말의 기운이 절로 느껴진다.

한 자 한 행으로, 혹은 하이픈으로 끊기며 연결된 그 한 자 한 자에서 부부의 끈질긴 정과 함께 그 정의 하이픈을 끊어버리고 가면 정말로 발병이 날 것 같은 신기神氣, 귀기鬼氣까지 감돌고 있지 않은가. 치매증 진행을 조금이라도 늦춰보려 아리랑 노래 공부 시키는 사실을 그대로 보여주고 있는데도 말이다.

    우리 할매
    시중들면서
    밥하고
    청소하고
    내 몸도
    추스르면서
    신문 보고
    TV 보고

    가늘게
    이어지고 있는 삶
    곰곰이 맛보고 있다
    -「지금 이것이 바로 그것인가」 전문

일상을 그대로 전하는 시다. 일상을 곰곰이 맛보는 삶에서 인생의 오묘한 맛이 우러나는 시다. 앞에서 계속 살펴온 대로 가식 없는 삶과 시적 태도가 그대로 솔직한 언어를 낳고 그런 언어들이 문리를 터득해가며 도에 이르는 시가 돼가고 있는 것이다.

위 시 제목 '지금 이것이 바로 그것인가'에서 '그것'은 무엇이겠는가. 삶의 곰곰한 맛이면서 그런 삶과 인생, 우주를 운항하는 순리, 도 아니겠는가. 그런 도로서의 언어와 시를 '지금 이것'으로써 생생한 일상인 간병에서 구하고 있는 것이다.

공자가 『역경易經』에서 "도와 문자는 하나로 같다"라고 말한 '도문일체道文一體'가 동양 시학의 정통이다. 도는 우주적 생명 그 자체요, 만물을 생장 변화시키는 질서다. 그 도의 나타냄으로서 하늘에는 천문天文이 있고 땅에는 지문地文이 있으며 그것을 잇는 사람에게는 인문人文이 있다. 이렇게 언어는 원래 도, 곧 우주 만물 생명의 실재와 같으므로 언어를 바르게 사용하라는 것이 정명正名사상으로 발전한 공자의 언어관이다.

풍속을 순화하기 위해 오래전부터 항간에 널리 전승돼온 시를 한데 모아 엮은 동양 최고의 시집 『시경詩經』을 펴낸 공자는 시를 한마디로 '사무사思無邪'라 정의했다. 사특하고 간사한 생각을 내지 않는 것이 시라는 것이다.

본디 마음 그대로, 있는 그대로 솔직한 언어의 이런 사무사 시론詩論도 물론 도문일체에서 나온 것이다. 이번 간병일기 시편들도 그런 동양 정통 시학인 도문일체의 사무사를 더욱더 순정하게 이은 인문의 문리로 천리를 깨치고 있어 '알츠하이머 시경'으로 불릴 만도 하다.

> 어렵게 차린 밥상
> 어찌 저리 맛있을꼬
>
> 말없이
> 흐뭇하게
> 쳐다보고
> 있노라면
>
> 나처럼
> 나를 보고 계셨을
> 엄니 얼굴 누님 표정
> −「고마운 밥상」 전문

구순을 바라보는 나이에 환자인 아내에게 어렵사리 밥상을 직접 차려주고 흐뭇하게 바라보고 있는 시. 그것을 보고 있는 사람이나 이 시를 읽는 이들에겐 참 가슴 시릴 모습이다.

그러나 시인은 밥을 먹는 아내 모습에서 어릴 적 자신에게 밥을 차려주고 먹는 모습을 지켜봤을, 지금은 이승에 없는 어머니와 누님의 흐뭇했을 표정을 봐내고 있다. 그런 표정은 또 지금 자신 심경의 표정이기도 할 것이다.

이처럼 시인은 밥상이 펼쳐놓은 지금 이곳의 풍경에서 시공을 초월한, 아니 이 세상과 저세상, 과거와 현재 그리고 아득한 미래까지 영속하여 잇는 순리까지 떠올리고 있다. 그 애틋한 인간의 정과 솔직한 언어로써.

그런저런
다 모르고
저렇게 멍청허게

아는 게 병
귀찮고
모르는 게 약
속 편타

그대로
그냥 그런대로 가보자

더 아프지만 말거라
―「아직도 저것을 못 고치다니요!」 전문

난치병 치매에 대한 간병인으로서 일반이 갖게 마련일 안타까움은 제목에서 다 호소해놓았다. 그리고 시 본문에서는 항간에서 늘 쓰는 일상어와 상식으로 그대로 도통해가고 있는 시다. 도인이 썼다면 세상의 그 편안한 이치를 이리 잘 펼치고 있다니 하며, 혹은 '무위자연無爲自然' 운운하며 한껏 치켜주었을 시다.

그러나 이 시는 이번 시조집을 일관하는, 치매에 걸린 아내를 간병하는 더할 나위 없이 애틋한 인간의 정에서 나왔다. 그리고 그런 정을 곧이곧대로 전하는 쉽고 솔직한 언어에서 나왔다. 그래서 도통해가면서도 "더 아프지만 말거라" 하는 마지막 구절이 인간적으로 더 아리게 다가온다.

이처럼 『그러던 어느 날』은 구순을 바라보면서도 아내를 간병해야만 하는 애틋한 사랑, 정에서 꾸밈없이 솟구친 시조집이다. 시인 특유의 언어 의식으로 치매 증상처럼 기존의 기억, 의미를 놓아버린 언어들이 최초의 제자리로 돌아가고 있다. 그런 언어들이 우리 민족에게 익숙한 시조 정형 양식과 구성 미학에 맞춰 치매 증상과 애틋한 정을 실감으로 쉽게, 감동적으로 전하고 있다.

 해서 민족의 혼과 정서가 양식화된 민족문화 원형으로서의 시조의 위상과 여전한 유효성을 한껏 높인, 근래 우리 시조단에서 보기 드문 돌올한 수확이 이 시조집이다. 나아가 경륜의 통찰이 번뜩이면서 삶과 인생을 순리에 따라 둘러볼 수 있는 혜안까지 주며 고령화와 함께 치매를 우리 사회의 주요한 문제로 떠올릴 실버 문학의 금자탑이기도 하다. 부디 더 아프지 말고 해로하시며 지금 막 떠오르고 있는 실버 문학의 모범을 시조 절창으로 많이 많이 보여주시길 빈다.